2-15 Unser Bevölkerungswachstum ist radikal
2-15 Unsere Landwirtschaft ist radikal
2-15 Unsere Ernährung ist radikal
2-16 Unser Klimawandel ist radikal
2-16 Welche Rolle spielen Treibhausgase?
2-16 Klimawandel ist eine Zeitbombe
2-17 Weil der Klimawandel eine Zeitbombe ist, sind nicht alle Treibhausgase gleich wichtig
2-17 Welche Rolle spielt Entwaldung?
2-18 Nicht alle Entwaldung ist gleich wichtig
2-18 Nutztierhaltung verursacht Klimawandel
2-18 Nutztierhaltung ist ein/der Hauptverursacher des Klimawandels
2-18 Die Zeitbombe lässt sich nur entschärfen, indem wir weniger Tierprodukte konsumieren
2-19 Nicht alle Maßnahmen sind gleich gut
2-19 Nicht jedes Essen ist gleich schlecht
2-19 Das größte Sterben verhindern

III UNSER EINZIGES ZUHAUSE

2-20 Blick in die Zukunft
3-01 Zuhause ist, was man nicht wahrnimmt
3-02 Blicke auf Zuhause
3-04 Blicke auf uns selbst

3-08 Die Hypothek
3-10 Ein zweites Zuhause
3-13 Glas
3-16 Erstes Zuhause
3-17 Letztes Zuhause

3-20 IV GESPRÄCH MIT DER SEELE

V MEHR LEBEN
4-14 Begrenzte Ressourcen
4-16 Die Flut und die Arche
4-20 Das ist die Frage
5-04 Nach uns
5-08 Brief für das Leben

ANHANG
5-16 14,5 Prozent/51 Prozent
5-21 Danksagung

ENDNOTEN

Die vorangestellten Zahlen beziehen sich auf CD und Track.

I UNGLAUBLICH

1-01 Der älteste bekannte Abschiedsbrief: Adolf Erman, *Die Literatur der Ägypter.*
Die erste Zeile: Ders., *Gespräch eines Lebensmüden mit seiner Seele.*
Ich habe nicht die geringste Angst: Kearl, *Endings: A Sociology of Death and Dying*, S. 49.
Seinen Stiefel ließ Armstrong: Bethge, »Urine Containers, ›Space Boots‹ and Artifacts Aren't Just Junk«.

1-02 Graupapagei Alex: Carey, »Parrot Who Had a Way with Words«.
Das Römische Reich: Taagepera, »Size and Duration of Empires«.

1-03 Unmittelbare Gefahr: Gannon, *Operation Drumbeat.*
SS Robert E. Peary: American Merchant Marine at War, »Liberty Ship SS Robert E. Peary«.
Dessous-Fabriken: Rosener: *Women in Industry.*
Studenten, Rentner und Frauen: Ossian, *Forgotten Generation*, S. 73.
Prominente warben für: Fitch, »Julia Child«.
Spitzensteuersatz: Franklin Delano Roosevelt, »Executive Order 9250«.
Benzin wurde streng: Perrone/Handley, »Home Front Friday«.
Vom Staat ausgehängte Plakate: Pursell: »When You Ride Alone«.
Essen wurde rationiert: George C. Marshall Foundation, »National Nutrition Month«.
In England aß man: Collingham, *The Taste of War.*
Dieser kollektiv enger geschnallte: British Nutrition Foundation, »How the War Changed Nutrition«.
Ihre Waffen sind die Panzer: Walt Disney Productions, *Food Will Win the War.*

1-04 Es ist uns nicht allen vergönnt: Roosevelt, »Fireside Chat 21«.
über vier Billionen Dollar: Daggett, *Costs of Major U. S. Wars.*
Hakenkreuzflaggen in London, Moskau und Washington: Sifferlin, »Global Jewish Population«.

1-05 Die größte Gefahr für menschliches: Vidal, »Protect Nature«.
Wir wissen, dass der Klimawandel: Milman, »Climate Change«.
Polarwirbel: Rice, »Chicago Will Be Colder than Antarctica«.
1-06 Und es fällt uns schwer: Rebuild By Design, »The Big U«.
Claudette Colvin: Rumble, »Claudette Colvin«.
1-07 Wie die symbolträchtigen Fotos: Poirier, »One of History's Most Romantic Photographs«.
Foto von Rosa Parks: Rothman/Aneja, »Rosa Parks«.
Und wie sie später einräumte: Sullivan, »Bus Ride«.
Meeresbiologe und Filmemacher Randy Olson: Revkin, »Global Warming«.
Die Klimakrise ist auch eine Krise der Kultur: Ghosh, *Die große Verblendung.*
1-08 »Der Bund-Führer kam schweigend«: Karski, *Mein Bericht an die Welt.*
1-09 Psychologe Hal Hershfield: Hershfield, »Better Decisions«.
Man hat ausführlich gezeigt: Ebd.
»Sympathie-Verzerrer«: Sudhir et al., »Sympathy Biases«.
stiegen die Spenden: Institute for Operations Research and the Management Sciences, »Carefully Chosen Wording«.
abstrakt, weit weg und isoliert: Ballew et al., »Global Warming as a Voting Issue«.
Wie der Journalist Oliver Burkeman: Burkeman, »Climate Change Deniers«.
Sogenannte Klimawandelleugner: Nuccitelli, »Climate Consensus«; NASA, »Scientific Consensus«.
1-10 Was ist Wissen: Brody, »The Unicorn and ›The Karski Report‹«.
1-11 Auf die Frage, wieso er das getan: Huicochea, »Man Lifts Car«.
Boyle war kein Gewichtheber: Wise, *Extreme Fear,* S. 25ff.
In den frühen 2010ern: *National Post,* »Russia's Rich«.
1-12 Als ein Nachtclub in Piccadilly: Rennell, »Blitz 70 Years On«.
1-13 Eine Studie in der deutschen Fußballbundesliga: Dohmen, »In Support of the Supporters?«.
Wer mobilisieren will: Marshall, *Don't Even Think About It,* S. 57.
1-16 Allem Wissen über menschengemachten: »Global Carbon Dioxide Emissions Rose«.
1-17 Keine zweihundert Jahre später: Brandt, »Google Divulges Numbers«.
»chronische Selfitis«: Shah, »Addicted to Selfies«; Lee, »What is ›Selfitis‹?«.

Der republikanische Stratege Stuart Stevens: Schwartz, »MSNBC's Surging Ratings«.
Eine aktuelle Studie: Environmental Science & Technology, Babaee et al., »Electric Drive Vehicles«.
Durchschnittsfahrer: Schiller, »Buying a Prius«.
Kinder, denen Bill Gates den Impfstoff: Leskin, »13 Tech Billionaires«.
Kinder, die an impfpräventiven: Kotecki, »Jeff Bezos«.
1-18 Honigbienen: Kastberger et al., »Social Waves in Giant Honeybees«.
Richtig ist aber, dass Bienenvölker: Xerces Society for Invertebrate Conservation, »Bumblebee Conservation«.
In China, Australien und Kalifornien: Wilder, »Bees for Hire«, Pensoft Publishers, »Bees, Fruits and Money«.
Ein Fotograf, der das dokumentiert hat: Williams, »Shrinking Bee Populations«.
1-19 Sechsundneunzig Prozent: Harris Poll, »Carrying on Tradition«.
Das sind mehr Amerikaner: Delta Dental »Oral Health and Well-Being Survey«, 2014.
im letzten Jahr ein Buch: Perrin, »Who Doesn't Read Books in America?«.
ihren Heimatstaat verlassen: Nicholas, »Home State«.
Würden die Amerikaner sich vornehmen: University of Illinois Extension, »Turkey Facts«.
Eine aktuelle Studie der Stockholm School of Economics: Mellström/Johannesson, »Crowding Out in Blood Donation«.
Diejenigen aber, die hingepilgert: Khan et al., »Collective Participation«.
Länger dauernde und befriedigendere: Muise et al., »Post Sex Affectionate Exchanges«.
1-20 Ladenkette Pay 'n Save: Moss, »Nudged to the Produce Aisle«.
freiwillig als Organspender registrieren: Davidai et al., »Default Options for Potential Organ Donors«.
Aufkleber in Urinalen: Thaler/Sunstein, »Easy Does It«.
Etwa 37 Prozent der registrierten Wähler: United States Elections Project, »2014 November General Election Turnout Rates«.
Präsidentschaftswahl 2016: United States Elections Project, »2016 November General Election Turnout Rates«.
2-01 Er stritt nie ab: Gallagher, *FDR's Splendid Deception*.

Nachdem er 1952 erfolgreich: Shampo/Kyle, »Jonas E. Salk«.
Tests an Menschen: Salk Institute for Biological Studies, »About Jonas Salk«.
Der Feiertag, den wir heutzutage: Lincoln, »Proclamation of Thanksgiving«.

2-02 Dennoch hat sich die Zahl der Raucher: Dennis, »Who Still Smokes in the United States«.
Bereits 1949: Moore, »Nine of Ten Americans View Smoking as Harmful«.
Kanada Einwohner: Worldometers »Canada Population (Live)«, 36,71 Millionen, Stand: 18. Februar 2019, http://www.worldometers.info/world-population/canada-population/.
Warum gibt ein kluger, willensstarker Mann: Holford et al., »Tobacco Control«.

2-03 Obwohl Zigaretten immer teurer werden: Truth Initiative, »Why are 72 % of Smokers from Lower-Income Communities«.
Der Historiker Stephen Mawdsley: McKie, »A Jab for Elvis Helped Beat Polio«.
In einer Presseerklärung: Scheiber, »Google Workers«, Wakabayashi et al., »Google Walkout«.

2-04 Sagt euren Eltern: Guggenheim, *Eine unbequeme Wahrheit*.

2-05 Untersuchung aus dem Jahr 2017: Wynes/Nicholas, »Climate Mitigation Gap«.
Unter ihren Empfehlungen: Frischmann, »100 Solutions to Reverse Global Warming«.

2-06 All diese Faktoren müssen: Gates, »Climate Change«.

2-07 Selbst wenn uns dieses Wunder: Raftery et al., »Less Than 2 °C Warming by 2100 Unlikely«.
Meeresspiegel: Worland, »These Cities May Soon Be Uninhabitable«.
Küstengebiete: Schleussner et al., »Differential Climate Impacts«.
143 Millionen Menschen: Parker, »Climate Migrants«.
Bewaffnete Konflikte: Burke et al., »Climate and Conflict«.
Grönland: Robinson et al., »Greenland Ice Sheet«.
Amazonas: Intergovernmental Panel on Climate Change, *Global Warming of 1.5 °C*.
Die europäische Hitzewelle: Di Leberto, »Summer Heat Wave«.
Zahl der Todesfälle: Mann/Kump, *Dire Predictions*, S. 50 ff.
Malaria: World Health Organization, »Climate Change and Human Health«; Weltbank, *Turn Down the Heat*.

400 Millionen Menschen: Wallace-Wells, *Uninhabitable Earth,* S. 12.
Erwärmung der Weltmeere: Schleussner et al., »Differential Climate Impacts«.
Hälfte aller Tierarten: Meixler, »Half of All Wildlife«.
60 Prozent aller Pflanzenarten: World Wildlife Fund, »Wildlife in a Warming World«.
Ernten werden niedriger: Zhao et al., »Temperature Increase Reduces Global Yields«.
Bruttoinlandsprodukt: Wallace-Wells, *Uninhabitable Earth,* S. 12.
Die wenigen Fachleute: Raftery et. al, »Less Than 2 °C Warming by 2100 Unlikely«.

2-08 Der Einsatz findet: Tillman, *D-Day Encyclopedia.*
Hunderte Attrappen: Morton, »Object of Intrigue«.

2-12 Vielleicht könnten wir uns dann darauf berufen: Scranton, »Raising My Child«.

II DAS GRÖSSTE STERBEN VERHINDERN

2-14 Durchschnittstemperatur: Jouzel et al., »Antarctic Climate Variability«; Prairie Climate Center, »Four degrees of separation«; NASA Earth Observatory, »Today's Warming«.
Vor 50 Millionen Jahren: Eberle et al., »Seasonal variability in Arctic temperatures«; Scott/Lindsey, »What's the hottest Earth's ever been?«; Jardine, »Patterns in Palaeontology«.
Zum vernichtendsten: Penn et al., »Temperature-Dependent Hypoxia«; New York University, »Siberian Volcanic Eruptions«; Zimmer, »Sudden Warming«.
Viele Wissenschaftler nennen: »Welcome to the Anthropocene«, www.anthropocene.info.
Mensch für 100 Prozent: Ritchie, »Exactly How Much Has the Earth Warmed?«; NASA Earth Observatory, »Is Current Warming Natural?«; Union of Concerned Scientists, »How Do We Know that Humans Are the Major Cause of Global Warming?«.
0,01 Prozent: Carrington, »Humans Just 0.01 % of All Life«; Bar-On et al., »Biomass Distribution on Earth«.

2-15 Menschen nutzen neunundfünfzig Prozent: Steinfeld et al., *Livestock's Long Shadow,* S. xxi.
Ein Drittel: Gerbens-Leenes et al., »Water Footprint of Poultry, Pork and Beef«.
nur ein Dreißigstel: Hoekstra et al., »Water Footprint of Humanity«.

2-15 Siebzig Prozent: Ritchie, »How Do We Reduce Antibiotic Resistance From Livestock?«.
Auf jeden Menschen: Compassion in World Farming, *Strategic Plan 2013-2017*; Fishcount, »Farmed Fish«.
Vor der industriellen Revolution: Zijdeman/Ribeira da Silva, »Life Expectancy at Birth«.
Zweihunderttausend Jahre: Wirtschafts- und Sozialrat der Vereinten Nationen, Abteilung Bevölkerung, »World Population Prospects«.
360 000 Menschen: Lamble, »How Many People Can the Earth Sustain?«.
1820 waren: American Farm Bureau Federation, »Fast Facts About Agriculture«; »Farm Population Lowest Since 1850's«; U. S. Bureau of Labor Statistics, »Employment Projections Program«.
Wie die Spielkonsole: Brookhaven National Laboratory, »The First Video Game?«.
Zwischen 1950 und 1970: Ganzel, »Shrinking Farm Numbers«; U. S. Bureau of the Census, »Census of Agriculture, 1969 Volume II«.
Größe des durchschnittlichen Huhns: Zuidhof et al., »Commercial Broilers«.
verzerrende Kontaktlinsen: Wise/Hall, verzerrende Kontaktlinsen für Tiere U. S. Patent 3,418,978.
Linsen zu mühsam: »Super-Sizing the Chicken«.
2018 stammten über 99 Prozent: Sentience Institute, »US Factory Farming Estimates«.
derzeitigen Tagesverbrauch: Steinfeld et al., *Livestock's Long Shadow*; Durisin/Singh, »Americans' Meat Consumption«.
65 Milliarden Hühner: Gorman, »Age of the Chicken«.
doppelt so viel Eiweiß: Pasiakos et al., »Animal, Dairy, and Plant Protein Intake«.
viel tierisches Eiweiß: Levine et al., »Low Protein Intake«.
Raucher: Center for Disease Control and Prevention, »Tobacco-Related Mortality«.
eine von fünf Mahlzeiten: Mooallem, »Last Supper«.

2-16 Känozoikum: National Centers for Environmental Information, »Glacial-Interglacial Cycles«.
Modellen des zyklischen Klimawandels: Joint Study for the Atmosphere and the Ocean, »PDO Index«; Physikalisch-Meteorologisches Observatorium Davos/World Radiation Center (PMOD/WRC), »Solar Constant«; National Weather Service Climate Prediction Center, »Cold and Warm Episodes by Season«.

neun der zehn heißesten: National Center for Environmental Information, »Global Climate Report«.
Während des Großen Sterbens: Solly, »Great Dying«.
zehnmal schneller Treibhausgase: Wallace-Wells, »Uninhabitable Earth«.
Das Leben auf der Erde: Ma, »Greenhouse Gases«.
CO_2 macht 82 Prozent: United States Environmental Protection Agency, *U. S. Greenhouse Gases Emissions and Sinks.*
800 000 Jahre: United States Environmental Protection Agency, »Climate Change Indicators«.
40 Prozent: American Chemical Society, »Greenhouse Gas Changes«.
Nutztierhaltung ist verantwortlich: Steinfeld et al., *Livestock's Long Shadow.*
Einer der gefährlichsten dieser Rückkopplungseffekte: National Snow and Ice Data Center, »All About Sea Ice: Albedo«.
noch Zeit bis 2020: Harvey, »Dangerous Climate Change«.
2-17 vierunddreißigmal so viel »Treibhauspotenzial«: IPCC, *Climate Change 2013*, Kap. 8, S. 711 ff., Tabelle 8. 7.
Weil sie hauptsächlich: Clark, »Greenhouse Gases«.
Je mehr Wälder: Erb et al., »Global Vegetation Biomass«.
Ließe man einen beträchtlichen Teil: Goodland, »›Livestock and Climate Change‹: Critical Comments and Responses«, S. 8.
Bäume bestehen zu fünfzig Prozent: FAO, »Deforestation Causes Global Warming«.
Abholzung und Brandrodung: Ebd.
Der Scientific American schreibt: Scientific American, »Deforestation and Its Extreme Effect on Global Warming«.
Etwa 80 Prozent der Rodungen: FAO, »Deforestation Causes Global Warming«.
In Kalifornien entsteht jedes Jahr mehr Treibhausgas: U. S. Department of the Interior, »2018 California Wildfires«.
2-18 Bolsonaros Plan: Wallace-Wells, »One Man«.
Nutztierhaltung ist verantwortlich: Margulis, »Causes of Deforestation«.
Beim Verdauen: United States Environmental Protection Agency, »Enteric Fermentation«.

größte Methanquelle: United States Environmental Protection Agency, *U. S. Greenhouse Gas Emissions and Sinks*, 5-1.
Stickstoffe werden von: Steinfeld et al., *Livestock's Long Shadow*.
Nutzvieh ist der größte Verursacher: Ebd.
Laut UN-Klimarahmenkonvention: Gates, »Climate Change«.
Welternährungsorganisation FAO: Steinfeld et al., *Livestock's Long Shadow*.
ausgeatmetes CO_2-Molekül: Goodland/Anhang, »Livestock and Climate Change«, S. 12.
Um die globale Erwärmung: McKibben, »Global Warming's Terrifying New Math«.
Eine aktuelle Studie der Johns Hopkins: Kim et al., »Mitigating Catastrophic Climate Change«.
Die optimistischsten Schätzungen: Jacobson/Delucchi, »Path to Sustainable Energy«, S. 64.

2-19 Hans Joachim Schellnhuber: Harvey, »Dangerous Climate Change«.
Die vier wirksamsten Maßnahmen: Wynes/Nicholas, »Climate Mitigation Gap«.
85 Prozent der Amerikaner: Chase, »Car-Sharing«.
Unternehmen müssen stärker: »U. S. Air Passengers' Main Trip Purposes«.
CO_2-Emissionen in Kilogramm pro Portion: Center for Sustainable Systems, »Carbon Footprint Factsheet«.
Um das Zwei-Grad-Ziel: Girod et al., »Climate Policy«.
Die durchschnittliche individuelle CO_2-Bilanz: »Carbon Emissions per Person, by Country«.
Franzosen: Ebd.
Bangladeschi: Ebd.
globale Durchschnitt: Ebd.
Keine tierischen Produkte: Diese Zahl bezieht 235 länderspezifische Praktiken wie Futterzusammensetzung, Futterverwertung und Entmistungstechniken mit ein. Sie beinhaltet die Umwandlung von Wald in Weideland, aber nicht die viehzuchtbedingte Kohlenstofffreisetzung aus dem Boden (Desertifikation). Gestützt wird sie von einer in Kürze erscheinenden Studie von Raychel Santo und Brent Kim von der Johns Hopkins University.

III UNSER EINZIGES ZUHAUSE

2-20 Falls es auf dem Mars je intelligentes: Weisman, »Earth Without People«.
3-01 Laut der Kognitionspsychologin: Dahl, »Why Can't You Smell Your Own Home?«.
3-02 Mindestens 30 000 Kilometer: Reinert, »Blue Marble Shot«.
Fototermine: Ebd.
Apollo 17 war der letzte: Smithsonian National Air and Space Museum, »Apollo to the Moon«.
William Anders: New Mexico Museum of Space History, »International Space Hall of Fame«.
Geburtshelfer der Umweltschutzbewegung: Kluger, »Earth from Above: The Blue Marble«; United States Environmental Protection Agency, »Earthrise«.
Nicht bei der Landung auf dem Mond: Nardo, *Blue Marble*, S. 46.
Ehrfurcht wird von zwei Dingen: Shaw, »Overview Effect«.
Der Overview-Effekt verändert: Goldhill, »Astronauts Report an ›Overview Effect‹«.
3-03 Edgar Mitchell: Institute of Noetic Sciences, »Our Story«.
Seit Juri Gagarin: WorldSpaceFlight, »Astronaut/Cosmonaut Statistics«.
Raumfahrtingenieur Isaac DeSouza: Ferreira, »Seeing Earth from Space«.
Unternehmensziel: www.SpaceVR.co
Johannes Eichstaedt: Berger, »Viewing Earth from Space«.
Der Astronaut Ron Garan: Garan, *Orbital Perspective*.
3-04 Die erste Brille: Mortimer, »Mirror Effect«.
Die zunehmende Verbreitung des Glasspiegels: Ebd.
Wenn Babys sich zum ersten Mal: Rochat, »Five Levels of Self-Awareness«.
Putzerfisch: Buehler, »Tiny Fish«.
3-05 in genau den Riffen: Aton, »Earth Almost Certain to Warm«.
George H. W. Bush: Worland, »Climate Change«.
Er versprach: Thompson, »Timeline«.
zweiundvierzig Senatoren: Rich, »Losing Earth«.
Umweltbehörde EPA: U. S. Environmental Protection Agency, »International Treaties and Cooperation«.
Knapp sechs Jahre vor: Cushman, »Climate Research Budget«.

3-06 In seinem Essay: Rich, »Losing Earth«.
Bush versprach: Office of the Press Secretary, »President's Statement on Climate Change«.
Im selben Jahr gründete: U. S. Climate Change Science Program, »The Climate Change Research Initiative«.
In seiner Rede zum Ausstieg: Office of the Press Secretary, »President Bush Discusses Global Climate Change«.

3-07 In Amerika ist es für: Greshko et al., »How Trump is Changing the Environment«.
Auch wenn Obama: Lavelle, »Obama's Climate Legacy«.
Erst kürzlich haben einige: McKibben, »Up Against Big Oil«.
In Frankreich löste: Nossiter, »France Suspends Fuel Tax Increase«.
Fast vierzig Jahre: Matthews, »Climate Change Skepticism«.

3-08 »Ich bin überzeugt, dass der Mensch die Erde verlassen muss«: Knapton, »Human Race Is Doomed«.
Hätten die siebeneinhalb Milliarden Menschen: Charlotte McDonald, »How Many Earths Do We Need?«.
Schätzungen des GFN zufolge: Coren, »Earth's Natural Resources«.
Dreiundsiebzig Prozent aller amerikanischen Konsumenten: Jennifer Calfas, »Americans Have So Much Debt«.
Die Menschheit hat einen Verschuldungsgrad: McDonald, »How Many Earths Do We Need?«.
Und tatsächlich haben einundzwanzig Jugendliche: Our Children's Trust, »Juliana v. U. S. - Climate Lawsuit«; Conca, »Children Change the Climate«.

3-09 Viele Ökonomen sind der Ansicht: Allison, »Financial Health of Young America«.

3-10 Gut möglich, dass es uns gelingt: Dunn, »1000 Passenger Ships«.
Minus zweiundsechzig Grad Celsius: NASA, »Mars Facts«.
In Bezug auf technische Eingriffe: National Research Council, *Climate Intervention*, 9.
Nach Ansicht des Projekts Drawdown: Project Drawdown, »Solutions«.
Die Mitgliedszahlen der National Association for the Advancement of Colored People: Virginia Museum of History & Culture, »Turning Point«.

3-11 Viele Afroamerikaner: Delmont, »African-Americans Fighting Fascism and Racism«.

3-12 Der Exodus der Männer: PBS, »Civil Rights«; Hartmann, *Home Front and Beyond.*
Auch für mexikanischstämmige Amerikaner: Norton et al., *People & A Nation,* 746.
Wenn ein Paar nach einem Verrat: Schwartz, »Esther Perel«.
3-13 zu flach geschliffen: NASA, »The Hubble Space Telescope«.
3-14 Als sie am nächsten Morgen herauskamen: »The Theft That Made The ›Mona Lisa‹ A Masterpiece«.
Die Mona Lisa war zu dieser Zeit: Zug, »Stolen«.
Doch als die Presse: »LA GIOCONDA' IN PARIS GESTOHLEN [...]«.
Bei der Wiedereröffnung des Louvre: Kuper, »Who Stole the Mona Lisa?«.
Franz Kafka stattete der leeren Wand: Gekoski, »Fact-Check Fears«.
Im Jahr darauf schrieb er: Bernofsky, »On Translating Kafka's ›The Metamorphosis‹«.
Nach Schätzungen des Louvre: Riding, »New Room with View of ›Mona Lisa‹«.
Es hängt jetzt hinter: McKinney, »Mona Lisa Is Protected by a Fence«.
3-15 Von den wenigen Überlebenden: Firestone, »Busting the Myths About Suicide«.
Würden wir unseren Planeten verlieren: Herbst, »Kevin Hines«.
3-18 Das größte Problem, das der Klimawandel aufwirft: Scranton, »Learning How to Die«.
3-19 Jemand im subsaharischen Afrika: Parker, »Climate Migrants«.
»Hör mir zu«, fleht die Seele: »Gespräch eines Lebensmüden mit seiner Seele«.

IV GESPRÄCH MIT DER SEELE

3-21 Gerade mal einhundert Firmen: CPD, »100 Companies«.
3-24 in ein Nazi-Todeslager eingeschleust: Power, »Problem from Hell«.
4-03 Nur vierzehn Prozent der Amerikaner: Leiserowitz et al., »Climate Change in the American Mind«.
ein deutlich geringerer Prozentsatz: Masci, »6 Facts about the Evolution Debate«.
dass die Erde die Sonne umkreist: Neuman, »1 In 4 Americans«.
Neunundsechzig Prozent der amerikanischen Wähler: Marlon et al., »Participation in the Paris Agreement«.
4-05 Die reichsten zehn Prozent: Oxfam, »Extreme Carbon Inequality«.
Schätzungsweise sechs Millionen Bangladeschi: Displacement Solutions, *Climate Displacement in Bangladesh.*

Der prognostizierte Anstieg des Meeresspiegels: United Nations, »Statement by His Excellency Dr. Fakhruddin Ahmed«.
2018 belegten Finnland, Norwegen und Dänemark: Helliwell et al., *World Happiness Report 2018*.
In Finnland, Norwegen und Dänemark zusammen: Mapes, »Population of Nordic Countries«.
4-06 Der durchschnittliche Bangladeschi: »Carbon Emissions per Person, by Country«.
Bangladesch ist zufällig auch: Food and Agriculture Organization of the United Nations, »Annual Meat Consumption«.
Der glückliche Durchschnittsfinne: Natural Resources Institute Finland, »What was eaten in Finland in 2016«.
Weltweit sind über achthundert Millionen Menschen: World Food Program, »World Hunger Again On The Rise«.
Mehr als einhundertfünfzig Millionen Kinder: Hunger Project, »Know Your World«.
Landflächen, die hungrige Bevölkerungsgruppen: Koneswaran und Nierenberg, »Global Farm Animal Production and Global Warming«.
Der ehemalige UN-Sonderberichterstatter: Ziegler, »Burning Food Crops«.
4-07 23,5 Millionen Amerikaner leben: U. S. Department of Agriculture Economic Research Service, »Access to Affordable and Nutritious Food«.
Es stimmt, dass eine gesunde Ernährung: Caba, »Eating Healthy«.
Aber eine gesunde vegetarische Ernährung: Flynn and Schiff, »Economical Healthy Diets«.
Zum Vergleich: Das mittlere Einkommen: FRED Economic Data, »Real Median Personal Income«.
Es gibt in Amerika heute weniger Bauern: American Farm Bureau Federation, »Fast Facts About Agriculture«; »Farm Population Lowest Since 1850's«; U. S. Bureau of Labor Statistics, »Employment Projections Program«.
4-08 hat die Nutztierhaltung einen massiven Anteil: Steinfeld et al., *Livestock's Long Shadow*.
4-09 In China wird 47 Prozent des Stroms: U. S. Energy Information Administration, »Chinese Coal-fired Electricity Generation«.
Und wie berücksichtigen wir die Tatsache: Fischer und Keating, »How Eco-Friendly Are Electric Cars?«.

Und was ist mit den anderen Formen: Wade, »Tesla's Electric Cars«.
Der durchschnittliche Amerikaner oder Brite: Springmann et al., »Food System«; Carrington, »Reduction in Meat-Eating«.

4-11 Weil innerhalb eines einziges Jahrs im Amazonas: »Amazon Rainforest Deforestation ›Worst in 10 Years‹«.
Weil der CO_2-Ausstoß Amerikas: Plumer, »U. S. Carbon Emissions«.
Weil 2017 entdeckt wurde: Wolf et al., »Global Livestock«.
und weil 2018 entdeckt wurde: Pierre-Louis, »Ocean Warming«.
Weil die Erdbevölkerung: Carrington, »Reduction in Meat-Eating«.

V MEHR LEBEN

4-15 Als Kevin Hines von der Golden Gate Bridge sprang: Glionna, »Golden Gate's Suicide Lure«.
Es wird zu bewaffneten Konflikten kommen: Eckstein et al., »Global Climate Risk Index 2019«.

4-16 Wie eines der Dokumente: Shapiro und Epsztein, »Warsaw Ghetto Oyneg Shabes«.

4-17 In einer Art Bunker: Croptrust, »Svalbard Global Seed Vault«.
Weil das Gewölbe konstant: Carrington, »Arctic Stronghold of World's Seeds«.
Eine weitere Unternehmung: »The Frozen Ark Project«, https://www.frozenark.org.

4-18 Noah war ein gerechter: Genesis 6,9, https://www.bibel-online.net/buch/elberfelder_1905/1_mose/6/#9.

4-19 Global gesehen sterben: Dokoupil, »Why Suicide Has Become an Epidemic«; Schein, »More People Die from Suicide«.

4-20 Ein zweiter Brief: Parisienne et al, »Gay Rights Lawyer«.
Drei Monate später: Scranton, »Raising My Child«.

4-21 Wie David Wallace Wells: Wallace-Wells, »Uninhabitable Earth«.
Er bezieht sich auf einen Aufsatz: Wynes und Nicholas, »Climate Mitigation Gap«.

4-22 In ihrem Buch Die Macht sozialer Netzwerke: Christiakis und Fowler, *Macht sozialer Netzwerke*.
Marsch auf Washington für Arbeit und Freiheit: Martin Luther King, Jr. Research and Education Institute, »March on Washington«.

5-02 »Ich kann meine Tochter«: Scranton, »Raising My Child«.
5-03 Vor ein paar Monaten hat ein Mann: Wilson, »His Body was Behind the Wheel«.
»Die Vögel sangen«: Pilon, »I Found a Dead Body«.
5-04 Als Stephen Hawking: Low, »Cambridge Declaration on Consciousness«.
5-06 Mehr als hundert Milliarden Menschen: Kaneda und Haub, »How Many People Have Ever Lived on Earth?«.
5-10 Während Armstrong: Safire, *Before the Fall*, 146.
»In Event of Moon Disaster«: Ein Scan der Notiz findet sich hier: https://www.archives.gov/files/presidential-libraries/events/centennials/nixon/images/exhibit/rn100-6-1-2.pdf.
5-12 Der Kurator João Ribas: Paglen, *Last Pictures Project*.
5-13 In Flannery O'Connors Short Story: O'Connor, *Complete Stories*, 133.

14,5 Prozent/51 Prozent

5-16 »Wenn das zutrifft«: Goodland/Anhang, »Livestock and Climate Change«, S. 11.
Sie raten zu: Goodland/Anhang, »Response to ›Livestock and Greenhouse Gas Emissions‹«, S. 2.
Die Kritiker ihrer Studie: Lehmkuhl, »Livestock and Climate«.
Rückzug aus dem Worldwatch Institute: Persönliche Website von Dr. Robert Goodland, Stand: 1. Februar 2019, https://goodlandrobert.com; Goodland, »Robert Goodland Obituary«.
5-17 2012 für die New York Times: Goodland, »Meat Industry Pressure«.
»Die FAO berücksichtigt zwar«: Goodland/Anhang, »Livestock and Climate Change«
Folgebericht: Goodland, »›Livestock and Climate Change‹: Critical Comments and Responses«, S. 8.
ignoriere die FAO die Entwaldung: Goodland/Anhang, »Livestock and Climate Change«, S. 14.
5-18 Daten aus den Jahren 1964, 1982: Ebd.
»Atmungs-Emissionen«: Steinfeld/ Wassenaar, »Carbon and Nitrogen Cycles«.
5-19 »Heute atmen Dutzende Milliarden«: Goodland/Anhang, »Livestock and Climate Change«, S. 12.